소라의 노을

소라의 노을

초판 1쇄 발행 2023년 8월 14일

지은이 이원문

펴낸이 임병천
펴낸곳 책나무출판사
출판신고 2004년 4월 22일 (제318-00034)

주소 서울시 영등포구 신길3동 325-70 3F
전화 02-338-1228 **팩스** 0505-866-8254
홈페이지 www.booktree.info

ⓒ 이원문 2023
ISBN 978-89-6339-716-0 03810

*이 책의 판권은 지은이와 책나무출판사에 있습니다.
*양측의 서면 동의 없는 무단 전재 및 복제를 금합니다.
*잘못된 책은 바꿔드립니다.

소라의 노을

이원문 시집

책나무출판사

목차

1부

인생의 노을	· 9
보릿고개의 하늘	· 10
인생의 꽃	· 11
댑싸리의 밤	· 12
일생의 노을	· 13
여름의 얼굴	· 14
남북의 밤	· 16
뻐꾹새	· 17
기억의 여름	· 18
사랑의 노을	· 19
구름꽃	· 20
운명의 꽃	· 22
외로운 노을	· 23
연화장	· 24
나무떼기	· 26
38선의 노을	· 28
추억의 꽃	· 31
도라지 언덕	· 32
극락	· 33
살구의 그날	· 34

2부

인생의 뜰	· 39
은하수의 밤	· 40
38선의 하늘	· 41
밀방아 찧는 날	· 42
소꿉의 달	· 44
반달의 하늘	· 45
여름 기슭	· 46
순정의 꽃	· 47
칠월	· 48
칠월 밥상	· 49
칠월의 기억	· 50
모래성의 노을	· 51
매미의 고향	· 52
옹기의 마음	· 53
사탕	· 54
고향의 여름	· 55
갯벌의 노을	· 56
낙화의 그날	· 57
여름 들녘	· 58
여름 밤	· 59

3부

맹꽁이의 그날	· 63
열차의 마음	· 64
여름 낚시	· 66
꽃날	· 68
미련의 정	· 70
여름 비	· 72
영혼의 밤	· 73
외로운 뜨락	· 74
여름 하늘	· 76
세월의 눈물	· 78
낙화의 뜰	· 81
타향의 여름	· 82
인연의 손수건	· 85
나이테	· 86
아가의 노을	· 87
친구의 여름	· 88
노을빛	· 90
여름 손님	· 91
등대의 별	· 92

4부

재너머 길	· 95
녹두꽃	· 96
장마	· 98
미루나무의 고향	· 100
애정의 노을	· 102
외로운 별	· 103
봉당의 눈을	· 104
미움의 바다	· 106
배고픈 날	· 107
외로운 달	· 108
고향의 언덕	· 110
저무는 여름	· 112
반딧불의 꿈	· 114
여름 장터	· 115
그리운 하늘	· 116
그 여름	· 118
마음의 길	· 119
교훈의 여름	· 120
어머니의 길	· 122

1부

인생의 노을

기우는 하루
그 하루만 기울겠나
계절의 마지막
찬 바람에 기울고

그림자 잃고
계절에 없는 나이
아니 잃고 없는다
무엇에게 말을 할까

서산 노을에 하루 얹어
지는 꽃에 얻은 나이
버리면 버려질까
잃는다 잃어질까

구름이 가려도
잃어야 하는 하루
바뀌는 계절 마다
옛 모습 빼앗는다

보릿고개의 하늘

먼동 서늘히
제비 짖음에 밝더니
아침 나절 뻐꾹새
점심을 알린다

파란히 점심 하늘
보리밭 위 먼 하늘
저 다랑이논 기슭
구름만 흘러 갈까
뻐꾹새 울음에
그리움 얹어지고

허기에 보는 하늘
저녁이 두렵다
얻어 넣을 수제비 한 그릇
그 한 그릇에 저녁이 될까

기슭의 그림자
보리밭 덮더니
석양에 해 떨어져
저녁노을 짙어간다

인생의 꽃

저 구름 흘러 어디로
무엇을 얻으려
여기에 와야 했나

쥐고 들고 오기까지
몇 굽이의 고갯 길
숨기고 가리며
어느 길을 걸어 왔고

두 얼굴의 젊은 날
세월 앞에 모두가
뉘우쳐지는 것을

이 내일이 짧구나
여기가 어디인가
석양의 저문 인생
어디로 가야 하나

댑싸리의 밤

세월이 흘러도
댑싸리의 밤은 남는 것
멍석 펴놓은 밤
모깃불 피우고
별자리 찾으며
화둑 솥에 불 짚힌다

얼마나 기다릴까
감자 옥수수 찌는 밤
소쿠리의 밤하늘
맑은 별 반짝이고
등불 켜 올리니
은하수의 길 멀어진다

일생의 노을

그날을 위한
처럼과 같이의
거짓이었다

속는 줄 모르고
그렇게 보낸 세월

마지막
그 하늘에
무엇이 보이던가

여름의 얼굴

뜨거워 벗으니
가린 몸 드러나고
머리까지 내려와
빗에 감아 올린다
이 모습이 나의 모습

보이는 몸 보다
얼굴을 바라보니
그 세월에 두려움
표정을 바꿔 본다
자세히 보는 내 얼굴

모습 안 그날들
그랬었나 아닌데
처음만 생각나고
언제인가 그 때쯤
나머지는 지워졌나

오늘의 이 얼굴
이 모습이 아닌데

어제 슴이 아닌데
허탈감에 허무함
거울에게 서운하다

남북의 밤

지금의
남과 북
무엇하고 있는가

일본은
오늘도
독도 넘나 보는데

뻐꾹새

냇둑 따라 오르노라면
봇물 소리 시원히
먼 산 뻐꾹새 울음 멎지 않았었고

오디의 뽕밭 자락
그 산의 메아리에도 멎지 않았다

누런히 그 보리밭
아직 이른 밤꽃 향기 빗겨 나갈까
적막의 다랑이 논 작년 뜸북새 기다린다

기억의 여름

이제 시작인데
남아 있는 그 칠 팔월
얼마나 더 뜨거울까
그래도 옛날은
이렇게까지는 아니였는데

뒷산 샘물 마시며
부채질로 식힌 여름
보리타작 마당에
바람이나 불어었나
그 콩밭 골걷이에 그늘은 있었고

거기에다 하나 더
식구 많던 그 식구들
저녁이면 우물둥치로
서로 씻겠다 줄 섰고
둘러 앉은 밥상에는 난리가 나지 않았었나

사랑의 노을

그리워 찾은 바다
마지막이라 하며
몇 번을 찾았나

바위에 기대어
바라보는 저 먼 섬
파도가 지우는 그리움인가

눈 못 떼는 그리움
가느란히 멀어지고
노을의 발걸음 파도에 묻힌다

구름꽃

웃는 나의 얼굴
너는 누구냐
세상에 던져진 몸
우는 너 누구더냐
날개 돋쳐 날 것도 아니고
흐르는 냇물 따라
그 강 찾을 것도 아닌 너

허공이 있으니
그 허공을 저을까
물고기 흉내 내어
강물 따라 흘러 갈까
어디로 가는지 모르는 인생아
안다면 가는 곳 그 곳이 어디더냐
거치른 인생 길 가엾은 인생아

누가 있어 너 아는 이웃이더냐
웃음의 그 얼굴 무엇 얻어 즐겁고
너의 가슴에 안 보이는 눈물
무엇을 잃었기에 그리 슬프다더냐

몇 굽이가 될까 길 많은 세상
가라 가 어서 가거라
날 저무니 어서 부지런히 가거라

운명의 꽃

하룻밤 풀잎새의
이슬 같은 인생아
운명의 그 많은 날
그날이 며칠이냐

열흘의 꽃잎이
하룻밤에 앉힌 이슬
그 하룻밤 이슬과
무엇이 다르고

그마저 바람 불면
다 같은 신세
네 듣고 보았던 것
어디에 묻었느냐

외로운 노을

여미어진 저 구름
더 낮으면 어떻게 하나
뽕나무 가지 휘어 주다
밭둑 멀리 가버리고
마지막 오디 한 줌
눈물에 젖는다

들어 오는 저 먼 구름
해 넘으면 어떻게 하나
댑싸리 너머 서쪽 하늘
더 붉게 물들이고
뽕나무의 그리움
눈시울 붉힌다

연화장

들어오고
나가는 이
당신은 누구요
걷지 못하니
저렇게 들어오나

묶여진 몸
불타는 이
이 몸은 누구요
알지 못하니
이렇게 가야 하나

나 떠나면
한 줌의 재
어디에 버릴까
거짓 정 섞어
그렇게 버릴 것을

죽어지면
짧디 짧은

단몽의 것인데
여기 오기가
얼마나 멀었었나

아이들아
울지마라
내 푸넘이란다
모두 거두니
이제야 가볍구나

나무떼기

있어도
없어도
뜨겁고 차가운 날

모두가
그렇게
그 시간에 묻히니

눈의 것
귀의 것
그것은 안 그럴까

뜨는 해
지는 해
무엇을 가르치나

초승달
채우니
서산 넘지 않던가

흰 머리
빠진 니
내일이 짧아진다

38선의 노을

조국이여
조국의 하늘이여
흐린 날에 비 오고 맑을 것인가
아니면 구름 걷혀 그냥 맑을 것인가
날마다 흐린날 그 70 년 흐린날
조선의 하늘 언제 맑을 것인가
반 만년 역사 위에
바람 잘날 없는 나라
우리는 하나
왜 둘이어야 하나
형제끼리 싸우다
갈라진 조선아
부끄러운 역사 앞에
무엇이 잘못 됐나
나뉜 그릇 채우려
서로가 싸웠나
이웃 나라 욕심의 그릇
그 그릇 채워 주려
우리끼리 싸웠나
독도 앞에 못할 짓 부끄러운 조선아
그 역사 꿈인듯 남과 북이 잊었나

민족의 피 거둬
평화 찾자 약속한 어제
그 약속에 무엇이 들어
또 싸워야 하나
반세기 넘어 70 년
그 앙금이 무엇인가
남 북한 자원에
영리한 우리 민족
이웃 나라 등에 업고
우리 지금 무엇 하나
무덤의 조상들이
그렇게 해라 시키던가
그 무덤의 조상들이
그렇게 되길 원했나
백두산에 한라산
그 사이의 우리 독도
넘보는 일본이
조선에게 어떻게 했나
피 뻘이딘 그들의 비웃음
그 식민지 벗어나니
웃음 아닌 민족의 눈물

이 눈물 후손에게
다시 물려 줄 것인가
민족끼리 70년
그 앙금이 얼마였고
민족끼리 싸워 이긴
그 훈장이 자랑스럽던가
그어 놓은 38선
누구 위한 그 선인가
70년이 되어도
그대로 있는 38선
패거리가 그어놓은
그 38선 아닌가
우리 이제 그만
이제 그만
38선의 먹구름
남과 북이 거둬내고
미래의 후손 위해
통일의 길로 나가자
민족이여 동포여
통일의 길로 나가자

추억의 꽃

논 기슭 밭둑으로
나 안 다닌 곳이 어디 있겠나
시골뜨기의 그리움 구름 따라 산 넘고
적막의 논 기슭 그 뜸북새 슬펐다

마지막 떠난 오디
무엇을 얻으로 어디로 갈까
고무신 벗어 들고 먹을 것 찾아 가는 곳
미끄러운 논길 따라 어디 갔었나

작년에 그 산딸기
올해도 그 곳에 많이 있을까
내려 보는 다랑이 논 뜸북새 숨어 울고
차였던 꽃들이 산딸기를 찾았다

도라지 언덕

구름 벗어 맑은 하늘
무엇을 얼마나 얼만큼 켈까
마음 여며 나서는 길
발걸음 무겁고
바라보는 이 산 저 산
조각 구름 산 넘는다

딛어 오르는 산 기슭
그 도라지 욕심 다 어디 갔나
이리 저리 헤친 등성
더 가야 하는 산
막대기 쥔 손 따갑고
바라보는 산 더 멀다

잊혀진 도라지 욕심
누가 나 여기에 데려 왔나
이 마음 저런 생각
멀고 먼 인생 길
시드는 도라지 뿌리
운명의 길 가자 한다

극락

연꽃이 앉힌 이슬
연꽃에 앉은 이슬
저 이슬 떨어지면
어디로 가야 하나
왔다가 가야 하는
처음으로 가는 곳
그 잠깐 밝음에서
무엇을 보았는지
그 밝음의 속임들
시간도 먼 것 처럼
바람이 속이던가
끝내는 이 연꽃 밑
물로 돌아 갈 것을

살구의 그날

노란 살구
유월 끝무렵
이맘때 쯤이면
멍석 가득 보리 펴 널고
울타리 밖 살구나무
노란 살구 탐스런히
입맛의 눈길 받아 주었고

얼마만큼
얼마나 딴나
한 소쿠리 가득
우물등치에 풀어놓고
찬 우물 뜨러가는 길
장난질의 도라지꽃
도라지꽃 풍선 꽉 쥐었다

오는 논길
뜸북새 울음
얼마나 슬펐나
주전자 가득 찬 우물 물

노란 살구의 기다림
언제 빨리 집에 가나
나만의 짜증 더 싫증났다

2부

인생의 뜻

혼자만의 그 시간
옛날도 아니고 오늘도 아니고
그저 뒤집어 보는 어제도 아니다
모두가 섞인 외로운 마음
근심의 내일은 어느 날이 될까

지나온 그 많은 날
그 많은 날의 삶이 인생이던가
접고 덮으며 하루 해에 없는 시간
이 몸 어디서 무엇 하였나
몇 가지 기억에 인생이 가엾다

은하수의 밤

멍석 위 저 많은 별
어느 별이 내 별일까
따 모은 별 숨겨놓고
더 먼 별 찾는 밤

더 멀리 저 작은 별
저 별도 내 별 될까
가마득히 가물가물
찾는 별 멀어지고

그리움에 담는 밤
이 모은 별 어떻게 하나
은하수 길 걷는 밤
이슬에 젖는다

38선의 하늘

우리 민족
남과 북의 동포여
이제 그날도 고희가 됐습니다

민족의 땅
남과 북의 독도여
이제 우리가 지켜 내겠습니다

70년의 한
민족의 그 역사여
이제 그만 처음이 되겠습니다

밀방아 찧는 날

지붕 위 벗은 하늘
오늘은 맑으려나
민들레꽃으로 보아
맑은 날이 되겠고
뜨락의 개미로 보면
그것도 아닌데

혼잣말에 할머니
그 눈총에 힘든 엄마
우리 엄마 잔소리에
얼마나 귀찮어 했나
멍석 뒤집어 털기 또한
그만큼 힘들었고

우물둥치 밀 함지에
씻을 밀 가득
우리 엄마 조리질에
씻은 밀 물 빠지면
우리들은 멍석으로
두서너번씩 퍼날렀지

사나흘 말려 찧을 밀
밀가루의 꿈 가득
방앗간 아저씨
눈썹까지 하얗고
귀찮어 했던 우리들
밀가루 꿈에 젖었다

술빵에 부침게에
칼국수 수제비
그리고 또 뭐 있었지
깊은 생각의 할머니
풀 쑤어 벽 바를 걱정
엄마는 텃밭 둑
애초바이 걱정 됐다

소꿉의 달

소꿉 놀이 양지녘에
사금팔이의 그리움
가난이 갈라놓은
그 세월이 몇 해인가

누더기는 가난해도
소꿉 살림 부자였고
나와 놀면 안 되는 나
사금팔이는 함께 했다

반달의 하늘

찔레꽃에 속은 세월
저 달이 들어차면
이 인생도 들어찰까
아직은 반인데
얼마 있어 보름 되나

이슬에 젖는 밤
장독대 흠뻑 젖고
항아리마다 앉은 이슬
찔레꽃 찾는다

여름 기슭

작년에 그랬듯이
추운 겨울 쌓인 눈
봄바람이 녹이더니
찔레의 빨간 열매
하얀꽃에 꿈 담았다

그 잠깐 찔레의 꿈
며칠 있어 낙화 될까
먼 산 넘어 뻐꾸기
뜸북새 부르더니
부른 뻐꾸기 슬며시 떠났다

순정의 꽃

열일곱의 먼 훗날
오늘도 그날도
꽃 속에 묻었고
행복의 내일도
그 꽃에 묻었다

날마다 보고 싶어
그려보는 날

꽃 속에 숨겨온
둘만의 행복인가
낙화에 묻어 간
처음의 그날인가

그 노을 바라보며
보고 싶던 날
못 잊을 그리움
오늘도 지워진다

칠월

잃어버린 그 반년 어떻게 보냈나
오늘을 잊고 내일을 기다린 날
그 내일 어느새 칠월이 되었다
기다리고 싶어 기다린 것도 아니 것만
기다린 것 처럼 칠월을 맞이 했다

쥔 것에서 빼고 나니 모자라는 것이 많았던 날
더하기를 하여도 더 모자라니
몇 곱을 더해야 남는다 할까
쪼개고 쪼갠 시간들 시간만 쪼갰나
기다리지 않아야 할 마지막 달이 기다려진다

칠월 밥상

넘어온 보릿고개 무엇이 부족하랴
둘러앉은 밥상 고봉에 흐뭇하고
꽁보리밥이어도 배부르니 즐겁다

바쁘면 수제비 비 오는 날 칼국수
하루종일 내리는 비 칼국수만 있을까
솥뚜껑 엎어 부치는 밀 부침게

할머니의 솜씨 자랑 술빵에 팥빵
어디 그것뿐인가 감자에 옥수수
참외 수박 쪼개면 누가 먼저 집을까

문간의 누렁이 마루 보며 끙끙대고
댐싸리익 밤베짱이 여름밤이 짧으가
김치 많은 여름 밥상 먹을 것에 즐겁다

칠월의 기억

흐르는 구름 보며
돌아보는 그날들
여기 이곳에서
얼마나 될까
끊겼다 이어졌다
또 끊기는 그날들
다시 이으면 오늘 하루
이 시간 만큼이나 될까

아니면 어젯 밤 꿈
잃어버린 그 시간쯤일까
구름 끝 안 보이듯
보이지 않는 그 시간들
고향의 칠월 들녘
더 멀어져 흐릿하고
잇는 꿈 데려가는
뜸북새 울음만 아련하다

모래성의 노을

무너져 흘러 내린
그 시간 처럼
세월의 모래성
흔적도 없고

외로운 기다림
바라보는 섬
행복의 그 시간
다시 찾는다

매미의 고향

칠월 여름 고향의 매미
그 매미 울음을 어찌 잊을까
적막의 냇가에 봇물 떨어지는 소리
하루를 읽어 주는 그 물소리일까

원두막 없는 우리 집
이웃 논 밭 부러웠고
보이는 참외 수박 먹고 싶었다
원두막의 친구들 누가 나를 불러줄까

냇가 그늘 나무 위 매미 울음 슬펐고
홀로의 물놀이 무엇이 재미 있겠나
이웃 동네 매미 울음 더 멀어지고
참외밭 위 흰 구름 지나가고 들어온다

옹기의 마음

내 속에 넣은 것
모두 꺼내어 보십시요
무엇이 들어 있었나
그 욕심에 넣고 채우며
가둬놓기까지
무엇을 원망하며 탓을 했을까요

다 꺼내었으면
모두 구분해 보십시요
쓸 것들이 무엇인가
못 버릴 것이 있던가요
버린다면 그것을
어느 세월 어디에 버리시렵니까

사탕

저 달의 동무들
누가 먼저 나 불러
함께 놀자 손 잡을까
돌아보는 그날 달빛에 젖어들고
집에 가는 동무들 뒷 모습 흐려진다

홀로 남은 나
나 남겨 두고 떠난 동무들
지금 어디에서 어떻게 사는지
피던 들꽃 동무의 얼굴
잃어버린 그 시절 저 달 안에 어린다

고향의 여름

후덥지근 무더운 여름날
즐겁기만한 여름이었을까
오이밭 가지밭 참외밭 수박밭
하나 더 고추밭까지 얼마나 바쁜가
자고나면 하루가 다르게 커 가는 오이 가지
사나흘에 참외 수박 고추는 안 그런가
박 올린 지붕 위 커 가는 박 내려보고
도락구(트럭) 오는날 참외 수박 따기 비쁘다

노을에 실려 보내는 참외 수박
이 많은 참외 수박 누가 다 먹을까
날 저물어 실려 보내는 신장로 길 참외 수박
집집마다 네 것 내 것 도락구(트럭) 가득 실려 보내고
한시름 놓은 저문 저녁 허기에 배고프다
저문 저녁 늦은 밥상 반찬이 무엇일까
김서린 수제비 동이 수제비 둥둥 떠 다니고
허기 채운 배부른 마당 먼 별자리에 꿈 묻는다

갯벌의 노을

들어오고 나가는 물
몇 번을 드나들며 그 세월을 깎았나
더워도 추워도 그 모습 변함 없고
바람 불면 더 세차게 파도 모아 깎아댄다

아침바다 점심바다 밀물 가득 저녁바다
점심 나절 슬며시 갯벌 드러나면
굴바구니의 어머니 바위 찾아 떠나고
밀물의 해당화 먼 바다 바라본다

낙화의 그날

꽃에게서 느낀 삶
살아보니 그렇더라
오던 벌 나비 아니 찾고
씨앗 맺어 흘려보니
그것 또한 그렇더라

설한에 잠들다
봄이 깨워 일어난 봄
그 봄볕이 추수려
더운 여름날 내동댕이치더니
찬 바람 몰고와 껍데기만 남게 하더라

그렇듯 그런 삶
남긴 씨앗 어디 갔나
한 걸음에 해 넘어
두 걸음에 어두운 밤
더 무엇 찾아 어디로 가야 하나

여름 들녘

원두막 위 흰 구름
뒷산 넘어 멀어지고
매미 울음 멎을새라
길고 가늘다

볏논에 뜸북새
논병아리 숨는 논
초저녁을 약속 하는
앞 냇가의 맑은 물

노란히 참외 수박
누구의 것이 먼저 될까
뜨거운 참외밭
저녁노을 기다린다

여름 밤

홋이불 눅눅한
멍석 위 마당의 밤
누워 보는 별자리
하나 둘 드러나고
은하수 길 더 먼 별
볼 수록 작아진다

손 접어 찾는 별
어느 별이 들어 올까
들어오면 다 나의 별
어느 곳에 따 담을까
담을 곳 찾는 밤
꿈 속에 모아진다

3부

맹꽁이의 그날

저물녘 맹꽁이
앞 논의 맹꽁이
맹꽁이 울음에
세월을 읽었고

뒷문 밖 나무 위
그 청개구리 울음에
넋을 빼앗겼다

굿은날에 저물녘인가
보슬비 멎는 듯
맹꽁이 울음 흘리더니

초저녁 어둠에
청개구리 울음 흘렸고

개구리 의 눈물은
그 시간들을 눈에 넣어 주었다

열차의 마음

목적지까지 서너시간
그 시간 달리는 길
마음 가라앉고
덜커덩 덜커덩
차창 밖 그림 스친다

꺼내어 보는 옛 마음
차창 밖 그림에
못 잊을 추억인가
보이는 풍경마다
둘이 보던 그림 같고

어느 한 곳은 어렴풋
모두가 변했다
또 한 곳은 반쯤으로
잘려진 들녘 멀리
눈길이 더 간다

열차만큼이나 빠른 시간
추억의 시간도 여기까지

이렇게 달렸을까
넋 나간 추억의 풍경
가슴 깊이 여미어진다

여름 낚시

뜨거운 날씨어도
바람 시원하고
자리 찾아 앉으려 하니
음지가 없다

크고 작은 낚시 바늘
귀 큰 것이 좋을까
아니면 작아도
미끼를 섞어 볼까

미끼 따 먹고 바늘 뱉는 고기들
무엇으로 꿰어야 이 바늘에 걸리나
질기고 질긴 줄에 튼튼한 낚싯대인데
고기 많다 담근 곳 고기 잃고 미끼 잃고

미끼 없다 다 떠난 고기들
그 많던 쥐고 든 미끼 다 어디 갔나
다 털리고 빼앗긴 자리 찬 바람 불어오고
일어서 돌아서니 불법이라 한다

털리고 빼앗긴 미끼에 잡은 고기 없는 몸
그 미끼 힘 들여 그렇게 모아 것만
불법이라 감옥 살이 낚시줄 포승줄 되고
낚시의 빈 그릇만 강물 따라 흘러간다

꽃날

이웃이 보았던
이 나의 젊음 처럼
나 또한 그 꽃들을
그렇게 보았다

아름답던 그 시절
울어도 예쁘고
웃어도 예쁘던 날
이 청춘도 그렇게
아름다웠지 않았나

짧은 하루의 긴 세월
중천의 해 높았던가
해 기울어 바라본 뜰
그림자 비켜 서니

기울어 지는 해의
접혀지는 하루인가
석양의 그림자
모두 거둬 지는 해

저녁바람 몰고 와
그 시절 쓸어간다

미련의 정

휴가 얻어 나서는 길
그 며칠의 산과 바다
어디로 가야 하나
찾을 곳 많은 마음

나서자 하니
그 곳도 아니고
갔던 곳 찾자 하니
마음에서 지워진다

즐거움의 자유 시간
갈 곳 없는 즐거움
그 많던 휴가 계획
다 어디 갔나

설레임의 며칠 마음
자유시간 좁아진다
떠나긴 떠나야 하는 마음
누가 나와 함께 할까

등 돌린 몸과 마음
그때 처럼 그 섬 찾아
행복의 모래성 쌓을까
무너진 휴가 계획
노을의 섬 바라본다

여름 비

쏟아지는 그 세월
낙숫물에 고이고
맹꽁이 울음에 실가닥 된다

늘려도 늘려도
끝 없는 세월
청개구리 울음이 헤아리는가

궂은 비에 녹는 마음
눈 언저리 뜨겁고
청춘이 물들인 백발에 서롭다

영혼의 밤

돌아보는 그 많은 날
흐르는 저 냇물 그림자가 있던가
그림자 많은 세월
어디에서 무엇 했나

냇물 소리 들리는 듯
세월의 그 소리 귓가에서 맴돌고
들리는 소리마다
쓰린 가슴 허무하다

실오락의 가는 세월
가느러도 늘려 보면 더 먼 시간들
나홀로 그 기억의 밤
어디로 또 가고 있나

외로운 뜨락

작년에 그렇듯
이 한낮 그렇게
뜨겁기도 뜨겁더니
밤새워 내리는 비
아침 나절 멎었나

네 가엾어라
가엾어 어떻게 하나
드러난 너의 뿌리
구름 걷혀 뜨거우면
뿌리 데일 것인데

기다림의 봉숭아
뜨거웠던 봉숭아
하얗고 하얀 날
뿌리가 보여 주는
그 하얀 날이었나

내년에 비 조금 내리면
이 뿌리 감추고

빨간 꽃 다시 피어
그 외로움의 손톱에
물들여 줄 것인데

여름 하늘

매미 울음 드높아라
바람 불면 가늘고
졸음 오면 그리 멀어지는지

음지녘에 누운 하늘
저 흰 구름 두둥실
어디로 흘러 가나

이리 보면 이런 모형
저리 보면 바위언덕
뭉게구름의 뜰
꽃 피어 있는 것 같고

마음이 그린 그림
그대로 그려준다
옛날도 아니고
내일도 아닌 오늘
다음의 그림은
무엇이 그려질까

바람 한 차례에
스며드는 그 옛날
떠오르는 기억마다
구름 따라 흐른다

세월의 눈물

가만히 있어도
모르게 가는 세월
슬며시 왔다
그렇게 가야 하는지
막을 수 없고
잡아둘 수 없는 세월
내 몸은 알면서
나에게 말 못하고
무엇을 더 얻으려
거울 빌어 말을 하나
추워 두르고
더워 벗어 던진 옷
두르고 벗은 옷
그래도 몰랐었고
세 끼니 속 그 입맛
그 속의 것도 몰랐다
잃어버린 먼 꿈 속
그 꿈은 안 그런가
시간 앞세워
날마다 속인 세월

이제와 주름 섞어
검던 머리 물들이더니
삭은 이 몸 보고
무엇을 보라 하나
마른 몸에 종이 살점
흰 머리에 놀랜 마음
찔레꽃도 모르고
여름날 봉숭아
철새도 몰랐었다
빠진 니에 드러나니
이 어두운 눈은 알았겠나
언덕 많은 욕심의 길
이제 딛을 힘 없고
시간도 없다
안 아픈 곳 없는 몸
그저 몸뚱이 하나
추수려 보는 하루
살면 얼마나 더
며칠을 더 살을까
속였는 줄 아는 가을

비탈 길로 내몰더니
단풍 곱게 물들여
보는 눈 속이고
낙엽 떨어뜨리며
그 낙엽 밟고 가되
뒤 돌아보지 말라 한다

낙화(落花)의 뜰

여보게 청춘들아
이 늙은이 괄시마라
나도 엊그제
너희 같이 젊었으니
몸에 두른 그 옷 또한 안 예뻤겠나

머리 빗고 꾸미면
양귀비 따로 없고
덩실 덩실 춤추니
봄버들이 부러울까
그 옛날 옛적 봉숭아 나를 기억 하는지

추풍 낙엽 찬 바람아
나 이디에 데러 왔니
몸 움추려 하늘 보니
그 봄 구름 흘러 가고
문밖 보려 끌고온 몸 마루 끝이 천리로다

타향의 여름

이리 부딪치고
저리 차여 앉은 몸
갈 곳 없는 골목 길
누가 나를 부를까
더워도 물 한 모금
얻어 먹을 곳 없고
벗자 하니 흉 되어
아랫도리만 올린다
인정 없는 차가운 세상
이것이 타향이고
그 인심이란 말인가
오가는 이 바라보면
다 웃는 표정이요
손 잡은 남여 청춘
나는 저리 왜 못했나
보내진 집 작은 머슴
논 밭 일로 한평생
주인 집 막내 아가씨
혹시 나 좋아 하지 않았을까
그림으로 보는 하늘

그것 아닌 꿈이었고
손에 쥔 모래 한 줌
모두 새어 흐른다
잘 살겠다 나온 타향
글 모르고 췬것 있나
종이 부채 부쳐대니
시원한 듯 더 뜨겁고
글 모르는 까막눈
이 종이에 무어라 써 있나
알면은 나의 갈 길
그 길도 있으렴만
양놈의 글씨까지
어질뜨려 졸음 온다
이제 일어서면
어디로 가야 하고
아는 이 없는 타향
누구의 집 찾아야 하나
물 끼얹을 곳 없는 곳
허기에 서툽구나
졸음 그만 자리를 떠야 하나

흐르던 구름 낮아지니
주인 집 마당 노을 같고
더 붉어라 바람까지
나 이제 어디로 가야 하나

인연의 손수건

둘만이 아는
눈빛의 언어
처음이 읽어 주는
순간의 언어였다

오랜 만남 처럼
있었던 것 처럼
어제도 그 내일도
모두 읽어 주었다

나이테

여보게 젊은이들
나도 어제 청춘인데
그 세월 읽으며
늙어보니 아니더라

첫 닭 울음의 먼동이
해 떨어진 저녁 같고
붉디 붉은 저녁 노을
그 노을이 새벽일까

때 되면 가는 것을
뭔 욕심의 늙음인가
이 세상 왔다
안 간 것 있나

풀이파리의 씨앗 보고
깨닫지 못한 인생
저 하늘 바라보며
무엇을 바라는가

아가의 노을

찾아온 고향 바다
그 모래성 아직 기다 않을까
그렇게 보던 섬 더 멀리 멀어지고
흐릿한 기억의 섬 그때 처럼가물댄다

여기에 이쪽 섬 저기에 저 쪽섬
가까이 멀리 아가의 꿈이었나
모래뭇의 기다림 파도 따라 들어 오고
갈매기 높이 떠 우리 엄마 부른다

친구의 여름

친구야
이제 그 여름 잊자
생각 하면 뭐하겠니
너와 나의 여름은
여름이 아니고
가슴 깊이 새겨진
교훈의 계절이었지

매미채 만들어
서울 친구에게 선물 하고
냇가의 고기잡이
들로 산으로 안 다닌 곳 있니
배고파도 아닌 척 하고
같이 놀아 주었고
감정이 있어도 참아 주었잖니

그러다 그 서울 친구 집에가면
우리 둘이는 뭐했었지
개구리 꾸러미 생각나
그 잡은 개구리 꾸러미 팔아

공책 연필 샀잖니
어디 그것뿐일까
이웃 밭일 도와주면서
몇푼 얻은 돈 그 돈은 안 그럴까

밀린 방학 숙제에 집안 일
무엇이 먼저였었니
다가 오는 개학날에 그 근심 걱정
먹는거나 제대로 먹었었니
학교 문밖 그 며칠에 다 보낸 여름
가슴 두근 두근 허무하기만 했었지
들로 산으로 저녁이면 그 노을
이제야 눈 안으로 그 꽃까지 스쳐 가는구나

노을빛

노을에 젖는
파도의 그날들
찾으면 찾아질까
잊으면 잊어질까

미움의 기억
파도에 묻히고
못 잊어 찾은 바다
그 노을에 젖는다

여름 손님

층층시하 많은 식구
오늘은 누가
어느 때에 다녀 갈까
쌀 항아리 쌀 떨어지고
보리쌀 항아리
하루가 다르니
반찬은 무엇으로
어느 반찬을 올려야 하나

텃밭에 마디 자란
가지 오이 고추
두덕에 호박 손 마디의 열무
비름 나물 무치자 하니
얼미를 뜯어야 한 끼니 올리나
캐놓은 감자에
아욱 뜯어 다듬으니
보리 짚 연기 아궁이로 내뱉는다

등대의 별

지워진 저녁 노을
나 여기에 왜 와야 했나
마지막 고향인 듯
노을마저 지워지고
철썩이는 파도소리
마음 쓸어 내린다

버려진 지난날들
이제 고향도 지워야 하는지
누가 이 밤바다
다녀간 이 누구요
갈매기 떠난 섬
등대불 가물대고

쓸쓸히 걷는 바다
모두가 없는 다음이 될까
나에게 묻는 마음
등대불에 얹어지고
모아지는 인생의 길
눈물에 스며든다

· 4부 ·

재너머 길

하늘 높이 흰 구름
앞서거니 멀어지고
그리움의 혼잣말
누가 나와 함께 할까
귀 기우려 주는 듯
도라지꽃 예쁘다

보라에 하얀 꽃
그 시간의 아직
기다림의 풍선 꽃
쓸쓸히 넘는 이곳
저 억새풀 꽃으로
가을이면 약속 할까

보이는 먼 들녘
철새 떼 날아가고
다음의 나 여기에
어느 기다림이 부를까
도라지꽃의 넌 훗날
억새꽃이 기다린다

녹두꽃

나는 아니려니
않그렇겠지
어서생긴 욕심이
이 세월을 가로막나

보면서도 아니려니
나는 않그렇겠지
이 밤낮을 알면서
무엇을 바라보나

때 잡고 눈 감는다
안 가고 못 갈 건가
묶어두고 안 딛는다
그 운명 이웃 줄까

차오른 달 기울 듯
때 늦춰도 가야 하고
넘는 해의 밤과 같이
모두 지운 밤일 것을

저 허공에 무엇이 있어
뜨거운 한숨인가
천 년도 만 년도
그 춘몽의 한일진데

장마

쓸려 내려가고
무너져 내리고
휩쓸려 온 모래 흙에
논둑만 바뀌었을까
잘려나간 밭 자락
비 더 내릴까 걱정 된다

물 넘치는 앞 냇가
이런 물구경을 어서할까
뻘건 흙탕물 위
나무떼기 호박넝쿨
집안의 살림살이까지
소문에 사람도 떠 내려 갔다 한다

얼마를 더 퍼 부을까
잦아들지 않는 비
천둥 번개까지
하늘이 무섭다
그 가뭄에 비 내리기를
얼마를 기다렸나

바람까지 불어와
처마 끝 뒤집히고
지붕 한 곳 벗겨져
물 받이 놓아야 하는 마루
우물도 물 뒤집혀
이웃 우물 물 얻어야 한다

물 구경 이제 그만
이 비 그쳐 날 거둬들면
그 많은 일 어떻게 해야 하나
삼복에 무더위 땀으로 적실 몸
말복 지나면 씨앗 영글 것이고
계획에 어긋난 가을 추수의 서운함일까
논 둑에 앉아 둘러보니 한숨만 나온다

미루나무의 고향

지나갈까
들려갈까
그러하지 않아도
고향 생각 했었는데
자신이 없는 고향 추억이 가자 한다

들리면 몇 년만
찾아간들 누가 나를
나 아는 사람 몇명 될까
먼 발치서 보는 동네
흔적일뿐 다 바뀌었고

높디 높은 아파트집
동산 야산 다 어디 갔나
그 논 밭 미루나무
뒷산 길 신장로 모두 없어졌고
성황당 큰 고목만 우두커니 서있다

놀던 곳 냇둑 냇가
밤 목욕의 그 맑은물

빨래터에 큰 바위까지
검은빛 폐수만 가뭄에 잦아드니
보고 싶은 옛 고향 그림으로 그려 본다

애정의 노을

둘만의 그 시간들
알고 보니
소라의 것이었어
그 아름다운날은
파도의 것이었고

나 여기에
소라의 그 행복
어디에 가 찾을까
찾아도 찾아도
보이질 않아

파도가 휩쓰는
소라의 그 시간들
파도의 것이 아름다움이었다면
둘만의 소라의 것 마저
저리 부서져야 하는지

외로운 별

어둠에 가려진
나 하나의 존재
나는 나를
어디에 데려 왔나

바라보는 별 나라
저 별 속의 존재일까
나 여기
여기가 어디인가

그날 다 하는 날
어두운 밤이면
이 몸도 별이 되어
여기 이곳 내려 볼까

나 하나의 존재
나는 누구인가
여기 이곳의 나
나는 누구인가

봉당의 노을

서러워라
사람이 늙으니
내가 보아도
보기 싫더라
그러는 이웃은 어떠 할까

이리 둘러보고
저리 고쳐보아도
거울의 앞의 이 모습
바라보는 이웃의 마음
그 마음도 그럴까

낙화가 따로 있나
지는 해는 그래도
노을이라도 남기는데
사람이 늙으니
눈치만 늘어 가고

듣는 소리 표정마다
무시 하는 듯 서운구나

찔레꽃 볼때마다
무명실에 봉숭아꽃
앞산 단풍 낙엽에 툇마루 끝 눈물 난다

미움의 바다

바라보는 등대불
가물가물 멀어지고
어두운 밤바다
파도소리 처량 하다

언제인가 그 한번
다시 찾은 밤바다
어둠의 파도 소리
그날을 못 잊는지

눈 앞에 하얀히
밀려와 돌아 가고
미련의 다음 파도
하얗게 부서진다

배고픈 날

매미 울음 그 잠깐
찬 바람 나더니
패는 볏논에 참새 떼 날아든다

여름일까 아니면
장마의 가을일까
보리쌀의 여름 아닌 장마의 가을

그 녹두밭 찾는 아이
엄마 생각 안 잊었는지
엄마의 호미 찾아 뒤란에 걸어놓고

그 다음 고구마밭
저물녘 고구마밭
뒷산 길 노을 따라 고구마밭 찾아 간다

외로운 달

인생을 배우는 밤
저 달은 나에게
무엇을 가르치나
초승달 채움에
반달 넘어 보름달
그리고 기울며
날마다 깎이는 달

추운 겨울 눈 소복이
쌓인 눈에 어렸고
여름이면 멈춰선
봇물에 어렸다
올려보는 둥근달
장독대의 초승달
깎기다만 붉은 달

미루나무 언저리에
걸쳤다 비켜 서면
함께 보는 누렁이 개
누렁이인들 안 짖을까

무엇을 배우는지
누렁이에게 묻는 밤
회고의 그 마음 깎여 갔다

고향의 언덕

잊은 줄 알았던
고향 뒷산 길
누가 나를 어디에서 부를까

앞 냇가 파란 들
노을의 마당
밤이면 반딧불 논 넘나들고

마당에 동무들
다 모였었지
잘 잘못 다툼에 시끄러웠고

밤 목욕 누나들
부끄러웠나
할머니 따라 냇가로 가는 길

소쿠리 감추고
비누 감추고
우리들 가거라 쫓아 댔었지

가버린 기억들
황금의 들녘
봄 보릿고개가 언제였더냐

그 추운 겨울날
부엉이의 밤
칼바람 불어와 웅크렸었고

봄이면 찔레꽃
파란 보리밭
냇가의 봄버들 어찌 잊을까

모아진 그 시절
울고 웃던 날
고향의 꿈 모아 다시 그린다

저무는 여름

저문다 해서
여름만 저물겠나
보내야 하는 한계절
방초잎부터 다르고
어느 것은 씨앗 맺어
이 더위에 영글린다

절기를 따르는가
아니면 세월인가
녹두 씨 알차게 들어서니
벼 패기에 참깨꽃
며칠 있어 씨 맺을까
하루가 다르게 느끼는 마음

말복에 보름이면
아침 저녁이 다르고
그 다음 옷 갈아 입으니
손은 그만두더라도
발 담근 물 차갑지 않겠나
얕은 구름 높아라

높아진 하늘 높이
구름 흩어질 것이고
매미 울음에 숨은 가을
그 매미 울음 멎게 할까
커가는 감나무의 감
절기의 밤송이도 하루가 다르다

반딧불의 꿈

끝 없는 파란 들녘
바람 일러 시원해라
흐르는 흰 구름 떼
미루나무에 걸치고
바라보는 먼 들녘
한눈에 들어온다

뛰어 가면 얼마나 더
더 뛰어야 끝 닿을까
노을지면 노을 따라
밤이면 유화등불 반딧불 따라
그렇게 힘껏 더 힘껏 뛰면
반딧불의 꿈나라 그곳에 닿을까

여름 장터

내일은 장날
사람 구경이나 할까
혼잣말에 할머니
텃밭에 가시더니

비름나물 뜯고
밭두덩의 호박잎
풋고추에 대파
들깻잎 몇묶음

그 다음에 오이 노각
이 노각을 누가 집을까
씻어놓는 할머니
담배쌈지 찾더니

아침 일찍 나서며
보따리 가득 들고 이고
늙은 친정 생각에
장터 길 빨어진다

그리운 하늘

이 세상의 나 하나
세상을 바라보니
눈 밖은 그리 넓고
멀기도 멀었는데
모두 모아 눈 안에 넣으니
갈 수록 좁은 세상
짧은 꿈이었다

누가 나 한 번쯤
기억할 수 있을까
아니면 기억으로
몇 번을 그려볼까
돌아보는 인생의 길
누가 나를 기억 할까
나의 바램이 너무 컸었나

스치긴 스쳐가도
그리움 없는 얼굴
정 하나에 매달린
그 얼굴도 흐려지고

시간의 채찍에 무너진 세월
접어든 이 길의 나
어느 길을 걷고 있나

그 여름

부푼 꿈 즐거움
뒷산 길로 멀어지던 날
매미울음에 묻은 꿈
다시 내년이 되어야 했고
아침 저녁이 다른 바람
그 아쉬움 잊어라 한다

누가 이 여름을
그 바다에서 즐겼을까
해마다 가겠다는 곳
그렇게 벼르고 벼르던 곳인데
또 꿈 깨어진 한해가 되어야 하나
차라리 그 말을 듣지나 않았더라면

가보고 싶었던 그곳
처음의 여름이었으니
얼마나 가고 싶었나
자랑에 들었으니 더 그랬었고
내려 놓아야 하는 실망과 절망
뒷산 길 그 노을에 올려 놓았다

마음의 길

지나온 길
가야할 길
나 어디로 가고 있나

돌아보는
그 많던 길
여기 또한 어디이고

지워진 길
보고 싶어
계절 따라 찾는 마음

바라보는
이 길목도
오늘 아닌 어제 될까

교훈의 여름

아직은 여름
얼마 있어 그 찬 바람이
이 마음을 빼앗을까
논으로 밭으로
날아드는 참새 떼
앞 뒷산 나뭇잎
색깔부터 다르고
냇물에 담근 발
그 느낌은 안 그럴까
흠뻑 내린 아침 이슬
긴 소매 옷 꺼내라 한다

기억의 여름
여름 끝자락의 쓸쓸함
가을의 여름날일까
서운한 그 여름
무엇인지 서운함
가슴에 새겨지고
그 뭉클 했던 주눅감
다시 떠 오르니

계절의 가르침이었나
마르지 않는 그 이슬
이 가슴에 흘러 내린다

어머니의 길

어머니의 한평생
희생 위한 한평생
굴바구니에 가득
나물 바구니에도 담겼다

파도에 휩쓸린
어머니의 그 희생
섬 떠나온 이 산골
여기에는 없었겠나

넘는 보릿고개의
그 산마루에도 있었고
흑설탕에 그 밥물
동생의 눈물에도 있었다